AF356506

BIOGRAPHIE

THOMAS-FRANÇOIS POTIQUET
Ancien Maître de Pension

A

MAGNY-EN-VEXIN

PARIS

Imprimerie de G. JOUSSET, rue de Furstenberg, 8.

1879

T.-F. POTIQUET.

1789-1842.

Voici encore un des enfants du Pays qui vient de disparaître. Il eut une carrière modeste, mais bien remplie, utile.

Thomas-François POTIQUET est né à Saint-Gervais, canton de Magny, département de Seine-et-Oise, le 4 février 1789.

Entré à l'Ecole centrale du département de l'Eure où il fut l'un des bons élèves, il en sortit fort jeune, après avoir achevé complétement ses études. Lorsque M. Verdière, ancien curé de Saint-Gervais, quitta, en 1805, l'Ecole centrale de l'Eure, où il était chargé d'un cours, pour créer à Saint-Gervais « La Petite Chartreuse », pensionnat libre, M. Potiquet vint dans cet établissement comme professeur. A la fin de l'année 1806, il s'en éloigna et se fit commis de librairie à Paris.

Racheté du service militaire en 1808, par suite d'un changement de numéro obtenu à prix d'argent, il dût cinq ans après, à cause des événements,

4

se rendre sous les drapeaux. Il fut incorporé dans
le 2ᵉ régiment de lanciers de la Jeune Garde, le
5 février 1813; il devint brigadier le 10 du même
mois, fourrier le 1ᵉʳ mars suivant, maréchal des
logis le 19 juin 1815 et maréchal des logis chef
le lendemain, 20 juin. Il fit les campagnes de 1813
et 1814 et se trouvait à notre désastre de Waterloo,
le 18 juin 1815. Son régiment (le 3ᵉ lanciers),
chargea sept fois, dans la journée, sur les dragons
rouges anglais. Aussi, lorsque la compagnie à la-
quelle appartenait M. Potiquet arriva, dans la nuit
du 18 au 19 juin, sous les murs de Charleroi, se
trouvait-elle réduite à quelques hommes; elle n'a-
vait plus un seul officier.

Dans les terribles batailles auxquelles il assista,
M. Potiquet ne reçut que deux blessures sans gra-
vité: un coup de lance dans le côté gauche et un
coup de sabre sur la main droite.

Au mois de juillet 1815, M. Potiquet faisait par-
tie de l'armée renvoyée de Paris et dite de la Loire.
On le chargea des travaux matériels du licencie-
ment de son régiment, qui fut envoyé à Auch
(Gers). Il ne reçut l'autorisation de rentrer dans
ses foyers que le 1ᵉʳ décembre 1815.

A ce moment de son existence, M. Potiquet
hésita sur la voie qu'il devait prendre: il rentra
comme professeur à La Petite Chartreuse. A la
mort du directeur de l'établissement (20 avril 1817),

5

M. Potiquet s'associa avec son beau-frère, M. Pic de Replonge, aussi professeur dans la maison, pour en continuer l'exploitation. La Petite Chartreuse ne put se soutenir. Dans ces circonstances, M. Potiquet se présenta à la Sorbonne le 30 juillet 1818, pour subir l'examen de Bachelier ès-lettres: il fut reçu. Il fonda alors à Magny, rue de Crosne, une Ecole latine d'externes (15 mars 1819), convertie en Pensionnat, immédiatement après son mariage, par une décision de la Commission de l'Instruction publique du 26 novembre de la même année. Cette pension prospéra jusqu'à la mort de Mme Potiquet, arrivée le 20 juin 1832.

Lorsque la Garde nationale fut organisée régulièrement dans le département de Seine-et-Oise, M. Potiquet fut élu le 30 juillet 1831, deuxième lieutenant de la compagnie de grenadiers de la ville de Magny. Le 1er juin 1834, il fut élu lieutenant en premier de cette même compagnie. Il était à cette époque, secrétaire du Comité cantonal pour la surveillance l'Instruction primaire.

Peu de temps après, M. Potiquet crut devoir abandonner sa pension. Au mois d'août 1835, il alla habiter le village de Saint-Gervais dans lequel il était né.

A la suite d'une brûlure complète du pied gauche, causée par le renversement d'un vase contenant de l'eau bouillante, M. Potiquet fut obligé

6.

à garder la chambre, puis le lit; et après plus d'une
année de cruelles souffrances, il s'éteignit le 16
avril 1842.

B . . .

Saint-Gervais, près Magny. Mai 1842.